视觉大挑战

恐龙时代

化学工业出版社

·北京·

恐龙博物馆

你能找到这些藏起来的东西吗?

 剑
 钻石
 鲸鱼
 竖笛
 旗子
 鼓槌

 奶瓶
 石斧
 杯子
 盒子
 芒果
 糖葫芦

发现恐龙化石

你能找到这些藏起来的东西吗?

 纸飞机
 洒水壶
 皇冠
 胡萝卜
 榛子
 锁

 扣子
 酒瓶
 杯子
 蜗牛
 鞋子
 奶嘴

盘子   盾牌　汉堡包 眼镜  鸟　陀螺

创可贴 　毛线球 　铅笔 　图钉 　拐杖 　蘑菇

小恐龙出壳了

你能找到这些藏起来的东西吗?

 话筒　 笔　 箭　 夹钳　 鱼　 牙膏

 花朵　 冰糕　 钻石　 帽子　 手电筒　 茶壶

海中的鱼龙

你能找到这些藏起来的东西吗？

口哨　弹弓　碟子　胶带　刷子　燕子

 蛇　 衣架　 筷子　 话筒　 酒杯　 海虾

蛇颈龙

你能找到这些藏起来的东西吗?

 勺子
 花朵
 酒杯
 胡萝卜
 玉米
 火焰

 剪刀
 鸡蛋
 甜甜圈
 溜溜球
 奶瓶
 眼镜

三角龙

你能找到这些藏起来的东西吗？

 梨子
 眼镜
 花生
 雨伞
 面包
 羽毛

 尺子
 飞船
 牙膏
 汤勺
 铲子
 话筒

马门溪龙

你能找到这些藏起来的东西吗?

 宝塔　 梳子　 箭　 汽车　 月牙儿　 胡萝卜

 钥匙　 橘子　 蜻蜓　 冰糕　 胡子　 伞

漏斗　 菜刀　 鞋子　 勺子　 羊头　 皮带

 羽毛球　 虾　 翅膀　 印章　 煎蛋　 手提包

长牙齿的鱼鸟

你能找到这些藏起来的东西吗?

酒杯　羽毛球　盖子　鸟　磁铁　章鱼

 蘑菇　 叉子　 刷子　 哨子　 蛋糕　 帽子

头上长冠的龙

你能找到这些藏起来的东西吗?

 骨头　 羽毛　 鱼骨　 汉堡包　 鱼　 太阳

 梳子　 皇冠　 蜗牛　 鸭子　 鼓槌　 胡萝卜

剑龙

你能找到这些藏起来的东西吗？

 平底锅
 戒指
 蝴蝶结
 登山杖
 帽子 铅笔

 书
 剪刀
 鸟
 沙漏
 镰刀
 茶杯

重爪龙

你能找到这些藏起来的东西吗?

镜子　花　虾　陀螺　糖果　熨斗

牙齿　瓶子　灯泡　飞机　带子　鱼

始祖鸟

你能找到这些藏起来的东西吗?

 瓶子
 竹笋
 手套
 饺子
 面包片
 图钉

 苍蝇拍
 飞镖
 鱼骨
 手杖
 画轴
 猎枪

高吻龙

你能找到这些藏起来的东西吗?

钉状龙

你能找到这些藏起来的东西吗？

 瓶子　 芒果　 弹簧　 台灯　橡皮擦　 甜甜圈

 扇子　 羽毛　 夹钳　 船　 鸟　 豆荚

包头龙

你能找到这些藏起来的东西吗?

 手表　 糖果　 月牙儿　蝙蝠　 茶壶　 刷子

镰刀龙野餐

你能找到这些藏起来的东西吗?

 拐杖
 帽子
 花生
 电筒
 裙子
 茶壶

 旗子
 镜子
 喇叭
 鞋子
 纸飞机
 熨斗

风神翼龙

你能找到这些藏起来的东西吗?

 蛋糕 夹子 书 皇冠 猕猴桃 鸡腿

 熨斗 牙刷 竖琴  小汽车 鸟 藕

肿头龙

你能找到这些藏起来的东西吗?

 毛笔   爪子   荸荠   钥匙   打火机   蛋糕

 弓   瓢虫   刀   蘑菇   夹子   书

迅猛龙

你能找到这些藏起来的东西吗?

 剪刀   水壶   叶子   漏斗   羽毛 爪子

 萝卜   羽毛   蘑菇   蛇  袜子   蜡烛

嗜鸟龙

你能找到这些藏起来的东西吗?

 耳环
 弹簧
 牙膏
 杯子
 西瓜
 打火机

 铲子
 锯子
 眼镜
 牙刷
 糖果
 海螺

蝙蝠龙

你能找到这些藏起来的东西吗？

棉棒　鸟　花　指甲刀　船桨　飞蛾

 奶瓶
 大蒜
 衣架
 叉子
 游戏手柄
 听诊器

沧龙

你能找到这些藏起来的东西吗?

 书   豆芽   戒指   望远镜   纸飞机   胶带

 蜡烛   手提包   草莓   水滴   夹子   汽车

小行星撞地球

你能找到这些藏起来的东西吗?

 毛巾　 线轴　 花生　 雨伞　 扇子　 香蕉

 鱼骨　 羽毛球　 橘子瓣　 电灯泡　 锯子　 羽毛

鸟　裙子　铲子　杯子　耳机　钻石

船　夹子　磁铁　刷子　糖果　飞机

霸王龙来啦

你能找到这些藏起来的东西吗？

 萝卜　 扇子　 海豚　 锅盖　 电筒　 蛇

 刀　 芦苇　 袜子　 纸卷　 鸡爪　 手镯

机器龙

你能找到这些藏起来的东西吗？

 锅铲　 夹子　 莲蓬　 房子　 硬币　 扫把

 夹钳　 蜻蜓　 纸鹤　 葫芦　 平底锅　 玉米

龙行天下

你能找到这些藏起来的东西吗?

 直尺 蝴蝶 牙刷 梳子 船 卷轴

 可乐 甜甜圈 话筒 雨伞 缝衣针 花

爱吃的恐龙

你能找到这些藏起来的东西吗?

 口哨　 心　 气球　 颜料　 擀面杖　 披萨

 四角星　 UFO　 漏斗　 饺子　 花　 帆船

城里来了大恐龙

你能找到这些藏起来的东西吗?

 包 橡皮擦 电灯泡 橡果 沙漏 乌贼

 葫芦 钥匙 鱼骨 袜子 香蕉 盘子

下雨啦

你能找到这些藏起来的东西吗?

 船　　 蛋　　 贝壳　　 糖果　　 蔬菜　　 发卡

 月亮　　 水母　　 平底锅　　 手电筒　　 冰糕　　 汽车

恐龙爱刷牙

你能找到这些藏起来的东西吗?

看起来好好吃

 吹风机
 葫芦
 西瓜
 鳐鱼
 竹蜻蜓
 莲藕

 帽子
 杯子
 汉堡包
 风车
 竖笛
 纸飞机

烧烤特卖

你能找到这些藏起来的东西吗？

 金鱼
 荷花
 牙齿
 葫芦
 山
 梳子

 直尺
 骨头
 辣椒
 鱼篓
 口红
 鸡腿

恐龙音乐会

你能找到这些藏起来的东西吗?

 望远镜　 蜜蜂　 饼干　 UFO　 信封　 盾牌

 牛角面包　 海螺　 帽子　 胶水　 老鼠　 喇叭

蜡烛　竹节　刮刀　酒杯　书　竖琴

汤勺　披萨　鞋子　胶带　高尔夫球杆　钉子

恐龙学游泳

你能找到这些藏起来的东西吗？

 叶子 花洒 心 铃铛 面具 兔头

 雨伞 旗子 易拉罐 橘子瓣 钉子 眼镜

恐龙学校

你能找到这些藏起来的东西吗?

 相框
 痒痒挠
 钉子
 簸箕
 领带 旗子

 风扇
 熨斗
 牛角
 螺母
 鱼
 荷花

幽灵也耍酷

你能找到这些藏起来的东西吗?

 鼓槌 苹果  毛笔 苍蝇 天鹅 钻石

 耙子 橡果 拎包 刺猬 锯子 围巾

滑雪大战

你能找到这些藏起来的东西吗?

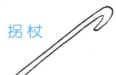 拐杖
 镜子
 蜡烛
 斧头
 剑
 老鼠

 胡萝卜
 印章
 勺子
 蛋糕
 螺母
 竹笋

雪地上的恐龙

你能找到这些藏起来的东西吗?

 铲子
 海鸟
 面包
 蘑菇
 温度计
 擀面杖

 眼镜
 奶嘴
 瓶子
 蝴蝶
 香蕉
 袜子

玩滑板

你能找到这些藏起来的东西吗?

盘子　三叶草

胶带

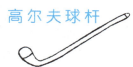
高尔夫球杆

足球

弹弓

钱包

蝴蝶

电灯泡

扫帚

勺子

包子

魔法师大战恐龙

你能找到这些藏起来的东西吗?

 手表
 听筒
 茶壶
 甜筒
 鱼
 花

 羽毛球
 箭
 虫子
 创可贴
 扇子
 虾

龙年来啦

你能找到这些藏起来的东西吗?

老鼠　夹钳　杯子　帽子　象棋子　棉花棒

蜘蛛　牙刷　书　陀螺　鸟　玉米

一起去散步

你能找到这些藏起来的东西吗？

蝉 　　 脚印　　 海鸥　　 柠檬片　　 碗　　树叶

 海豹　　 夹钳　　 手套　　 旗子　　 棉花棒　　 鞋子

收到礼物了

你能找到这些藏起来的东西吗?

 心
 天鹅
 西瓜
 耙子
 毛笔
 豆荚

 苹果
 香蕉
 铲子
 沙漏
 蜡烛
 手链

我也会溜冰

你能找到这些藏起来的东西吗?

 虫子
 盘子
 鸟
 凳子
 蛇
 牙刷

 苍蝇拍
 钉子
 船桨
 雨伞
 火柴棍
 台灯

小恐龙学放羊

你能找到这些藏起来的东西吗?

 糖葫芦
 草莓
 皇冠
 鱼
 荷叶
 枕头

 榔头
 蜗牛
 蛋糕
 藕片
 竹子
 火柴盒

林中芭蕾

你能找到这些藏起来的东西吗?

 剪刀
 汉堡包
 心
 豆荚
 碗
 气球

 竖笛
 平底锅
 元宝
 溜溜球
 蛇
 鞋子

迷你小恐龙

你能找到这些藏起来的东西吗?

葫芦 蛋糕 凳子 鲨鱼  手套 陀螺

帽子 蘑菇 擀面杖 手链 雨伞 眼睛

求领养

你能找到这些藏起来的东西吗？

袜子　柿饼　眼镜　胡萝卜　苹果　手枪

蛋糕　帽子　刷子　听筒　饺子　心

我养了一只恐龙

你能找到这些藏起来的东西吗？

 花盆　 剪刀　 牙刷　 树叶　 锅盖　 花

 箭　 领带　 盾牌　 三角尺　 镜子　 夹子

去野餐

你能找到这些藏起来的东西吗?

 苹果
 鸡蛋
 骨头
 奶嘴
 弹弓 墨水瓶

 衣服
 钳子
 虫子
 蛋糕
 冰糕
 飞镖

大厨师

你能找到这些藏起来的东西吗?

 梯子
 毛笔
 印章
 书
 羽毛
 手表

 鼓
 苹果
 老鼠
 蜡烛
 钥匙
 钱包

汽车时代

你能找到这些藏起来的东西吗?

 喇叭
 鸭掌
 扇子
 香蕉
 手枪
 纽扣

 奶瓶
 蛋糕
 钥匙
 碗
 望远镜
 口哨

恐龙快递

你能找到这些藏起来的东西吗?

 竹节
 汉堡包
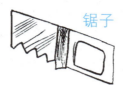 锯子
 扫帚
 鸟
 蝴蝶结

 台灯
 蘑菇
 糖果
 帆船
 榔头
 房子

小恐龙钓鱼

你能找到这些藏起来的东西吗?

鱼　酒杯　裙子　橘子瓣　望远镜　碗

帽子　鸡腿　钻石　花　梨　印章

我不要洗澡

你能找到这些藏起来的东西吗?

 刨冰
 杯子
 狗尾巴草
 帽子
 锅铲
 钉子

 饼干
 衣架
 皇冠
 葫芦
 蛋糕
 纸飞机

冷饮店

你能找到这些藏起来的东西吗?

鞋子　扫帚　海螺　心　梳子　茶壶

蝌蚪　瓶子　直尺　火柴棍　糖葫芦　手电筒

地下世界

你能找到这些藏起来的东西吗?

 贝壳
 海鸟
 手表
 鞋子
 创可贴
 弓

 风筝
 汉堡包
 糖果
 凳子
 橘子瓣
 骨头

看报时间

你能找到这些藏起来的东西吗?

香蕉　梯子　花　风筝　眼镜　热狗

桃子　锯子　刀　蛋糕　纽扣　脚印

睡觉了

你能找到这些藏起来的东西吗?

创可贴　蝌蚪　榔头　手表　弓　牵牛花

老鼠　夹子　月牙　帆船　蝴蝶　羽毛

答案

▲第2页—第3页

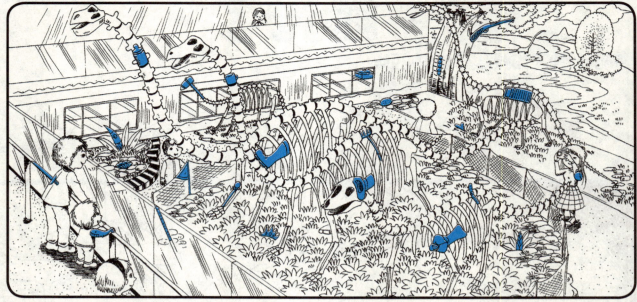

▲第4页—第5页

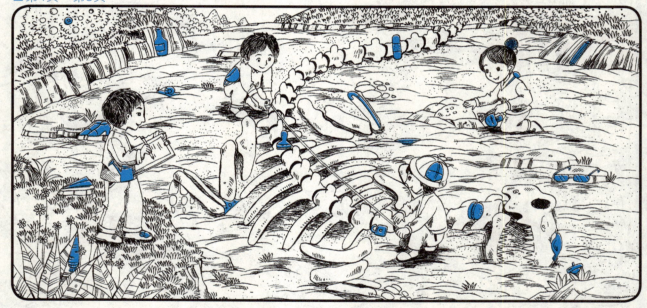

▲第6页

▲第7页

71

答案

▲第8页
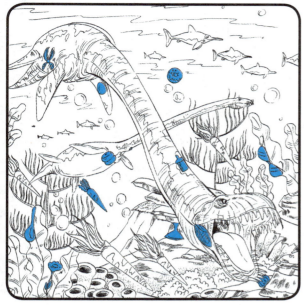

▲第9页

▲第10页—第11页

▲第12页

▲第13页

72

答案

▲ 第14页—第15页

▲ 第16页

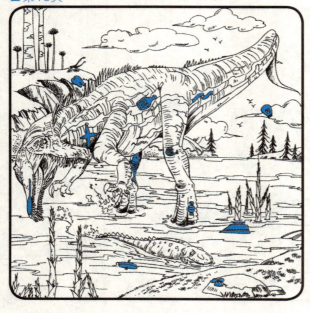

▲ 第17页

▲ 第18页

▲ 第19页

▲第20页
▲第21页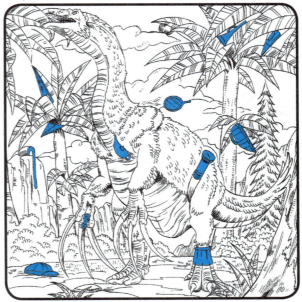
▲第22页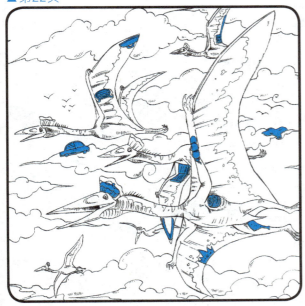
▲第23页
▲第24页
▲第25页

答案

答案

▲ 第26页

▲ 第27页
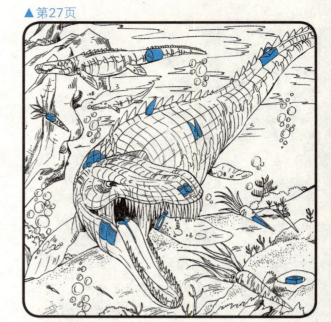

▲ 第28页—第29页

▲ 第30页—第31页

▲第32页

▲第33页

▲第34页

▲第35页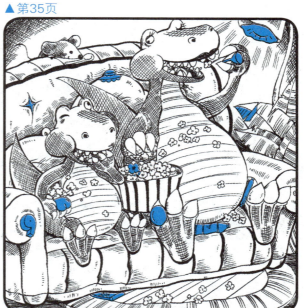

▲第36页—第37页

75

答案

答案

▲第38页

▲第39页

▲第40页

▲第41页

▲第42页—第43页

▲ 第44页

▲ 第45页

▲ 第46页

▲ 第47页

▲ 第48页

▲ 第49页

答案

▲第50页

▲第51页

▲第52页

▲第53页

▲第54页

▲第55页

答案

▲ 第56页

▲ 第57页

▲ 第58页

▲ 第59页

▲ 第60页

▲ 第61页

答案

▲第62页

▲第63页

▲第64页

▲第65页

▲第66页

▲第67页